Renate Sültz & Uwe H. Sültz

Notizbuch

... für Anwälte

BoD - Books on Demand

Norderstedt 2016

Bibliografische Information durch die Deutsche Nationalbibliothek

Die Deutsche Nationalbibliothek verzeichnet diese Publikation in der Deutschen Nationalbibliografie; detaillierte bibliografische Daten sind im Internet über http://dnb.dnb.de abrufbar.

© 2016 Renate Sültz & Uwe H. Sültz

Herstellung und Verlag:

BoD – Books on Demand, Norderstedt

ISBN 978-3-73923-964-4

Datum

Persönliche Informationen

Langweiliger Fall
Miese Luft im Gerichtssaal
Interessiert mich alles überhaupt nicht

Datum
___

Persönliche Informationen

Langweiliger Fall
Miese Luft im Gerichtssaal
Interessiert mich alles überhaupt nicht

Datum

Persönliche Informationen

Langweiliger Fall
Miese Luft im Gerichtssaal
Interessiert mich alles überhaupt nicht

Datum

Persönliche Informationen

Langweiliger Fall
Miese Luft im Gerichtssaal
Interessiert mich alles überhaupt nicht

Datum

Persönliche Informationen

Langweiliger Fall
Miese Luft im Gerichtssaal
Interessiert mich alles überhaupt nicht

Datum
___

Persönliche Informationen

Langweiliger Fall
Miese Luft im Gerichtssaal
Interessiert mich alles überhaupt nicht

Datum

___

Persönliche Informationen

Langweiliger Fall
Miese Luft im Gerichtssaal
Interessiert mich alles überhaupt nicht

Datum

Persönliche Informationen

Langweiliger Fall
Miese Luft im Gerichtssaal
Interessiert mich alles überhaupt nicht

Datum

Persönliche Informationen

Langweiliger Fall
Miese Luft im Gerichtssaal
Interessiert mich alles überhaupt nicht

Datum

Persönliche Informationen

Langweiliger Fall
Miese Luft im Gerichtssaal
Interessiert mich alles überhaupt nicht

Datum

Persönliche Informationen

Langweiliger Fall
Miese Luft im Gerichtssaal
Interessiert mich alles überhaupt nicht

Datum

Persönliche Informationen

Langweiliger Fall
Miese Luft im Gerichtssaal
Interessiert mich alles überhaupt nicht

Datum

Persönliche Informationen

Langweiliger Fall
Miese Luft im Gerichtssaal
Interessiert mich alles überhaupt nicht

Datum

Persönliche Informationen

Langweiliger Fall
Miese Luft im Gerichtssaal
Interessiert mich alles überhaupt nicht

Datum

Persönliche Informationen

Langweiliger Fall
Miese Luft im Gerichtssaal
Interessiert mich alles überhaupt nicht

Datum

Persönliche Informationen

Langweiliger Fall
Miese Luft im Gerichtssaal
Interessiert mich alles überhaupt nicht

Datum

Persönliche Informationen

Langweiliger Fall
Miese Luft im Gerichtssaal
Interessiert mich alles überhaupt nicht

Datum

Persönliche Informationen

Langweiliger Fall
Miese Luft im Gerichtssaal
Interessiert mich alles überhaupt nicht

Datum

Persönliche Informationen

Langweiliger Fall
Miese Luft im Gerichtssaal
Interessiert mich alles überhaupt nicht

Datum

Persönliche Informationen

Langweiliger Fall
Miese Luft im Gerichtssaal
Interessiert mich alles überhaupt nicht

Datum

Persönliche Informationen

Langweiliger Fall
Miese Luft im Gerichtssaal
Interessiert mich alles überhaupt nicht

Datum

Persönliche Informationen

Langweiliger Fall
Miese Luft im Gerichtssaal
Interessiert mich alles überhaupt nicht

Datum
___

Persönliche Informationen

Langweiliger Fall
Miese Luft im Gerichtssaal
Interessiert mich alles überhaupt nicht

Datum

Persönliche Informationen

Langweiliger Fall
Miese Luft im Gerichtssaal
Interessiert mich alles überhaupt nicht

Datum

Persönliche Informationen

Langweiliger Fall
Miese Luft im Gerichtssaal
Interessiert mich alles überhaupt nicht

Datum

Persönliche Informationen

Langweiliger Fall
Miese Luft im Gerichtssaal
Interessiert mich alles überhaupt nicht

Datum

Persönliche Informationen

Langweiliger Fall
Miese Luft im Gerichtssaal
Interessiert mich alles überhaupt nicht

Datum

Persönliche Informationen

Langweiliger Fall
Miese Luft im Gerichtssaal
Interessiert mich alles überhaupt nicht

Datum

Persönliche Informationen

Langweiliger Fall
Miese Luft im Gerichtssaal
Interessiert mich alles überhaupt nicht

Datum

Persönliche Informationen

Langweiliger Fall
Miese Luft im Gerichtssaal
Interessiert mich alles überhaupt nicht

Datum

Persönliche Informationen

Langweiliger Fall
Miese Luft im Gerichtssaal
Interessiert mich alles überhaupt nicht

Datum

Persönliche Informationen

Langweiliger Fall
Miese Luft im Gerichtssaal
Interessiert mich alles überhaupt nicht

Datum

Persönliche Informationen

Langweiliger Fall
Miese Luft im Gerichtssaal
Interessiert mich alles überhaupt nicht

Datum

Persönliche Informationen

Langweiliger Fall
Miese Luft im Gerichtssaal
Interessiert mich alles überhaupt nicht

Datum

Persönliche Informationen

Langweiliger Fall
Miese Luft im Gerichtssaal
Interessiert mich alles überhaupt nicht

Datum

Persönliche Informationen

Langweiliger Fall
Miese Luft im Gerichtssaal
Interessiert mich alles überhaupt nicht

Datum

Persönliche Informationen

Langweiliger Fall
Miese Luft im Gerichtssaal
Interessiert mich alles überhaupt nicht

Datum

Persönliche Informationen

Langweiliger Fall
Miese Luft im Gerichtssaal
Interessiert mich alles überhaupt nicht

Datum

Persönliche Informationen

Langweiliger Fall
Miese Luft im Gerichtssaal
Interessiert mich alles überhaupt nicht

Datum

Persönliche Informationen

Langweiliger Fall
Miese Luft im Gerichtssaal
Interessiert mich alles überhaupt nicht

Datum

Persönliche Informationen

Langweiliger Fall
Miese Luft im Gerichtssaal
Interessiert mich alles überhaupt nicht

Datum

Persönliche Informationen

Langweiliger Fall
Miese Luft im Gerichtssaal
Interessiert mich alles überhaupt nicht

Datum

Persönliche Informationen

Langweiliger Fall
Miese Luft im Gerichtssaal
Interessiert mich alles überhaupt nicht

Datum

Persönliche Informationen

Langweiliger Fall
Miese Luft im Gerichtssaal
Interessiert mich alles überhaupt nicht

Datum
___

Persönliche Informationen

Langweiliger Fall
Miese Luft im Gerichtssaal
Interessiert mich alles überhaupt nicht

Datum

Persönliche Informationen

Langweiliger Fall
Miese Luft im Gerichtssaal
Interessiert mich alles überhaupt nicht

Datum

Persönliche Informationen

Langweiliger Fall
Miese Luft im Gerichtssaal
Interessiert mich alles überhaupt nicht

Datum

Persönliche Informationen

Langweiliger Fall
Miese Luft im Gerichtssaal
Interessiert mich alles überhaupt nicht

Datum

Persönliche Informationen

Langweiliger Fall
Miese Luft im Gerichtssaal
Interessiert mich alles überhaupt nicht

Datum

Persönliche Informationen

Langweiliger Fall
Miese Luft im Gerichtssaal
Interessiert mich alles überhaupt nicht

Datum

Persönliche Informationen

Langweiliger Fall
Miese Luft im Gerichtssaal
Interessiert mich alles überhaupt nicht

Datum

Persönliche Informationen

Langweiliger Fall
Miese Luft im Gerichtssaal
Interessiert mich alles überhaupt nicht

Datum

Persönliche Informationen

Langweiliger Fall
Miese Luft im Gerichtssaal
Interessiert mich alles überhaupt nicht

Datum

Persönliche Informationen

Langweiliger Fall
Miese Luft im Gerichtssaal
Interessiert mich alles überhaupt nicht

Datum

Persönliche Informationen

Langweiliger Fall
Miese Luft im Gerichtssaal
Interessiert mich alles überhaupt nicht

Datum

Persönliche Informationen

Langweiliger Fall
Miese Luft im Gerichtssaal
Interessiert mich alles überhaupt nicht

Datum
___

Persönliche Informationen

Langweiliger Fall
Miese Luft im Gerichtssaal
Interessiert mich alles überhaupt nicht

Datum

Persönliche Informationen

Langweiliger Fall
Miese Luft im Gerichtssaal
Interessiert mich alles überhaupt nicht

Datum

Persönliche Informationen

Langweiliger Fall
Miese Luft im Gerichtssaal
Interessiert mich alles überhaupt nicht

Datum

Persönliche Informationen

Langweiliger Fall
Miese Luft im Gerichtssaal
Interessiert mich alles überhaupt nicht

Datum

Persönliche Informationen

Langweiliger Fall
Miese Luft im Gerichtssaal
Interessiert mich alles überhaupt nicht

Datum

Persönliche Informationen

Langweiliger Fall
Miese Luft im Gerichtssaal
Interessiert mich alles überhaupt nicht

Datum

Persönliche Informationen

Langweiliger Fall
Miese Luft im Gerichtssaal
Interessiert mich alles überhaupt nicht

Datum
___

Persönliche Informationen

Langweiliger Fall
Miese Luft im Gerichtssaal
Interessiert mich alles überhaupt nicht

Datum

Persönliche Informationen

Langweiliger Fall
Miese Luft im Gerichtssaal
Interessiert mich alles überhaupt nicht

Datum

Persönliche Informationen

Langweiliger Fall
Miese Luft im Gerichtssaal
Interessiert mich alles überhaupt nicht

Datum

Persönliche Informationen

Langweiliger Fall
Miese Luft im Gerichtssaal
Interessiert mich alles überhaupt nicht

Datum

Persönliche Informationen

Langweiliger Fall
Miese Luft im Gerichtssaal
Interessiert mich alles überhaupt nicht

Datum

Persönliche Informationen

Langweiliger Fall
Miese Luft im Gerichtssaal
Interessiert mich alles überhaupt nicht

Datum
___

Persönliche Informationen

Langweiliger Fall
Miese Luft im Gerichtssaal
Interessiert mich alles überhaupt nicht

Datum

Persönliche Informationen

Langweiliger Fall
Miese Luft im Gerichtssaal
Interessiert mich alles überhaupt nicht

Datum

Persönliche Informationen

Langweiliger Fall
Miese Luft im Gerichtssaal
Interessiert mich alles überhaupt nicht

Datum

Persönliche Informationen

Langweiliger Fall
Miese Luft im Gerichtssaal
Interessiert mich alles überhaupt nicht

Datum

Persönliche Informationen

Langweiliger Fall
Miese Luft im Gerichtssaal
Interessiert mich alles überhaupt nicht

Datum

Persönliche Informationen

Langweiliger Fall
Miese Luft im Gerichtssaal
Interessiert mich alles überhaupt nicht

Datum

Persönliche Informationen

Langweiliger Fall
Miese Luft im Gerichtssaal
Interessiert mich alles überhaupt nicht

Datum

Persönliche Informationen

Langweiliger Fall
Miese Luft im Gerichtssaal
Interessiert mich alles überhaupt nicht

Datum

Persönliche Informationen

Langweiliger Fall
Miese Luft im Gerichtssaal
Interessiert mich alles überhaupt nicht

Datum

Persönliche Informationen

Langweiliger Fall
Miese Luft im Gerichtssaal
Interessiert mich alles überhaupt nicht

Datum

Persönliche Informationen

Langweiliger Fall
Miese Luft im Gerichtssaal
Interessiert mich alles überhaupt nicht

Datum

Persönliche Informationen

Langweiliger Fall
Miese Luft im Gerichtssaal
Interessiert mich alles überhaupt nicht

Datum

Persönliche Informationen

Langweiliger Fall
Miese Luft im Gerichtssaal
Interessiert mich alles überhaupt nicht

Datum

Persönliche Informationen

Langweiliger Fall
Miese Luft im Gerichtssaal
Interessiert mich alles überhaupt nicht

Datum

Persönliche Informationen

Langweiliger Fall
Miese Luft im Gerichtssaal
Interessiert mich alles überhaupt nicht

Spanende Kurzgeschichten für unterwegs

ISBN 978-3-95744-598-8
ISBN 978-3-96008-041-1

ISBN 978-3-73923-523-3